Marie-Aude Murail

Les Secrets véritables

illustré par
Emmanuel Cerisier

Ribambelle

Hatier

Pour tous les enfants
qui jouèrent et qui joueront
à Courcoury
MAM

 - ISBN 978-2-218-99920-8
Loi n° 49956 du 16 juillet 1949
sur les publications destinées à la jeunesse.
Le texte a été publié pour la première fois
en 1990 à l'École des loisirs.
Mise en page : Yves Le Ray

Le soleil passe la tête par la lucarne. C'est l'heure de la sieste. Tout le monde dort comme mémé Thérèse, avec un chapeau de paille posé sur la figure. On n'entend plus qu'un seul bruit de temps en temps : le bruit d'une page qu'on tourne.

– Qui c'est qui a le numéro 233 ? demande soudain Vincent, en rejetant son journal de *Tintin*.

– Moi, j'ai le 1 avec un 9 et un autre 9, répond ma sœur.

– Ça fait 199, idiote, dis-je à Jessica, moi, j'ai le 200.

Nous n'avons plus le courage de jouer dehors, ni même de nous asperger avec le tuyau d'arrosage. Alors, nous relisons tous les journaux de *Tintin*. Ils étaient à maman quand elle était petite fille.
– C'est long, un mois, dis-je à mi-voix.
Nous sommes pour un mois chez mémé Thérèse. « Un mois sans les parents, c'est la belle vie », comme dit notre cousin Vincent.
– Mais où qu'il est, le 233 ? dit Vincent en jetant en l'air tous les numéros de *Tintin* entassés dans la caisse.
Je lui crie :
– Arrête ! Tu mélanges tout !
Il le fait exprès. Il renverse la caisse puis il donne des coups de pied dedans.
– Regardez ce que je viens de trouver sous les *Tintin* ! dit Jessica.
– Le numéro 233 ?
– Non, c'est un cahier de secrets.
– C'est pas vrai, dis-je.

tintin
tintin
tintin
tintin
tin
tintin
tintin

Mais c'est bien un cahier de secrets. C'est écrit *Les secrets véritables du Grand Albert*.
– Peut-être que le Grand Albert était le mari de mémé Thérèse ?
– Ou son papa, dit Jessica.
Vincent a pris le cahier mais il ne l'ouvre pas. C'est un vieux cahier d'école.

– Qu'est-ce qu'il y a dedans ? demande Jessica.
Vincent fait la grimace. Il ne sait pas. Moi non plus, je ne sais pas.
– Des secrets, dit Jessica tout bas.
On ne bouge plus tous les trois. Il y a un chien qui aboie dans le lointain. Moi aussi, j'ai un secret.
– Alors, tu l'ouvres ? souffle Jessica.
On s'assoit sous la lucarne et j'ouvre le cahier.
– Tu me lis, Robin ? demande Jessica.

Voilà ce que j'ai lu. C'est la vérité vraie et je ne mens pas :

> Si l'on veut voir
> la nuit aussi bien
> que le jour,
> on se frotte le visage
> avec du sang
> de chauve-souris,
> encore appelée pipistrelle.
> Ce secret est véritable.

Ma sœur se met à rire. Elle dit :

– Du sang de pipi…

– C'est pas drôle, dit Vincent, c'est un secret véritable.

Jessica se tait. En fait, on se tait tous les trois.

– Est-ce qu'il y a un autre secret si on tourne la page ?

– On regarde ? me demande Vincent.

Je fais oui avec la tête et je lis :

On fera une potion
avec de la centaurée.
On la mettra
dix minutes
dans l'eau bouillante
et l'on y ajoutera
une livre de vers
de terre coupés
en morceaux fins.
Celui qui boira la potion
croira être magicien
et se verra
les pieds en l'air
et la tête en bas.
Ce secret est véritable.

– Moi, j'en boirai jamais ! dit Jessica.
– Moi non plus, dit Vincent.
– Moi non plus, dis-je à mon tour.

C'est ainsi que le cahier des secrets véritables est entré dans notre vie. Sous le nom du Grand Albert, on a écrit : « Vincent, Robin, Jessica ».
Le cahier est à nous maintenant.

Il fait tellement chaud dans le jardin que je reste assis sur la balançoire sans même me balancer.
– C'est bête qu'on peut pas aller dans le marais, dit Vincent.
Sous les peupliers, l'air est frais. On croirait qu'il est bleu.
– On n'a pas le droit d'y aller, dit Jessica.
– On a le droit de rien, bougonne Vincent.
Dans le marais, le soleil passe en tremblant entre les feuilles et le vent. Je demande :
– Qu'est-ce que tu fais, Vincent ?
– Je réfléchis.

Moi aussi, je pense au cahier. Tout à l'heure, on a lu un troisième secret :

> Si l'on veut donner
> du chagrin et faire peur,
> on prendra la pierre d'onyx
> dont la couleur est noire.
> Si on la met
> sous l'oreiller de quelqu'un,
> il deviendra triste et
> il aura des songes horribles.
> Ce secret est véritable.

– Tu crois que c'est de l'onyx ? me demande Jessica.
J'ai sursauté. Elle vient de me mettre un caillou sous le nez.
– Où tu l'as trouvé ?
– Près des orties.
Vincent s'est rapproché. Il prend le caillou.
– Il est bien noir, dit-il en le nettoyant.
– Qu'est-ce qu'on en fait ? demande Jessica.
On a décidé de le mettre dans un pot de fleurs vide où on a dessiné une tête de mort.
Vincent les dessine très bien.

– Attention ! mémé Thérèse !
Nous nous éloignons du pot de fleurs, en prenant l'air de rien.
– Vous ne jouez pas, les enfants ? demande mémé, en poussant la grille du jardin.
– Chat, crie Jessica en me tapant sur le bras.

On a joué à chat et mémé est repartie en disant :

– Vous me donnez chaud rien qu'à vous regarder.

Nous aussi, on a chaud. Je demande à Vincent :

– Tu sors le cahier ?

Il est caché dans un seau, derrière la tondeuse à gazon.

C'est toujours moi qui lis le secret :

Pour changer
l'argent en or,
on coupera
des orties
au lever de la lune
et on les jettera
dans l'eau bouillante
avec deux pattes
de poulet et
le lait d'une vache
qui vient juste de vêler.
L'argent plongé
dans ce liquide
ressortira
en or comme
j'en ai fait maintes fois
l'expérience.
Ce secret est véritable.

Vincent siffle entre ses dents.
– Tu te rends compte. C'est le secret pour faire de l'or ! Il y a des tas de gens qui l'ont cherché.
– Et nous, on l'a, dit Jessica.
– Oui, mais il faut de l'argent, dis-je. Oh, je sais ! Les couteaux de mémé !

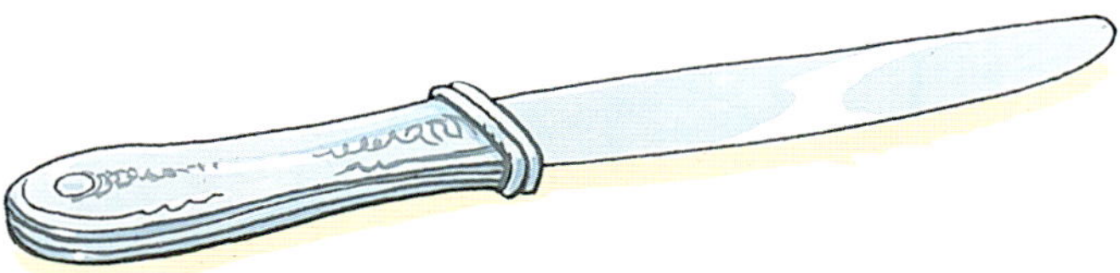

– Ils sont en argent ! s'écrie Vincent, on va les transformer en or.
– Elle sera contente, mémé, dit Jessica.
– Le secret n'est pas très difficile à faire. Le père Mauvoisin nous donnera les pattes de poulet. Et du lait, on peut toujours en trouver. Il manque juste les orties.
– On ira les cueillir cette nuit, dit Vincent tout bas.

Pendant le dîner, Vincent et Jessica me font des grimaces. C'est moi qui débarrasse la table, ce soir. Il faut que je mette un couteau dans ma poche. J'ai choisi le couteau préféré de mémé. Elle sera fière quand il sera en or.

– Mais qu'est-ce que vous avez à vous agiter ? dit mémé. C'est l'orage dans l'air qui vous énerve ?

Pour une fois, on ne lui a pas demandé de regarder la télé. On monte vite dans notre chambre.

– Tu en as un ? me demande Jessica.

– Le voilà !

– Oh, c'est le couteau spécial de mémé !

Vincent et Jessica ont l'air embêtés.

– Et alors, qu'est-ce que ça fait ?

La clef de la maison est sur la cheminée. Elle fait un bruit énorme quand nous la tournons dans la serrure. Heureusement, mémé est plutôt sourde. Nous courons jusqu'au jardin. Le ciel est étrange, d'un noir un peu rouge, et par moments, il s'illumine à l'horizon.

– C'est l'orage dans l'air, dit Vincent. Passe-moi les gants !

Nous avons pris les gants en caoutchouc qui servent à faire la vaisselle. Vincent les enfile et coupe une ortie.

– Combien j'en prends ?

– Cent, dit Jessica.

Elle est idiote.

– Trois, dis-je.

J'ai peur de l'orage dans l'air. Soudain, ma sœur pousse un cri. Je lève la tête. Il y a deux oiseaux bizarres qui tournoient près du noyer. On ne dirait pas qu'ils volent, mais qu'ils tombent comme une balle et rebondissent.

– Des chauves-souris ! hurle Vincent.

On les appelle aussi pipistrelles. Nous nous sauvons jusqu'à la maison, nous fermons la porte à clef, nous montons dans notre chambre et nous nous enfouissons dans nos lits. On a deux orties. Je crois que ça suffira.

– Alors, me dit le père Mauvoisin, c'est toi qui as volé le couteau spécial ?
– Non, c'est pas moi. C'est le Grand Albert !
Le Grand Albert s'approche de moi :
– Menteur, voleur ! Que tous les feux de l'orage dans l'air te tombent sur la tête, que toutes les pipistrelles te mangent les yeux !
Grâce, pitié !
Mon cœur bat à toute volée.
Il va se décrocher.

– Ah !
Je me suis réveillé.
Le volet cogne contre la fenêtre.

Oh, quel rêve ! La tempête s'est levée.
« Maman, viens me chercher. C'est trop long, un mois. »
Ça y est, je pleure. C'est mon secret.
Je pleure toutes les nuits. Je serre mon oreiller à pleins bras. Tiens, qu'est-ce que c'est que ça ? J'ai touché quelque chose de dur, de lisse, de froid. Le caillou ! L'onyx.

Ce matin, je demande à Vincent et à Jessica :
– C'est vous qui l'avez mis là ?
Ils disent que non. Il n'est pas venu tout seul, quand même !

– C'est de la magie, me dit Vincent.
Il ment. Ils mentent tous les deux. Ils ne sont pas toujours gentils avec moi, Vincent et Jessica.

Au petit-déjeuner, mémé Thérèse cherche son couteau dans les tiroirs.
– Je ne l'ai pas trouvé en faisant la vaisselle, dit-elle, vous n'avez pas vu mon couteau ?
– Ton couteau spécial ? demande Jessica.
– Oui, c'est le seul qui coupe dans cette maison.
Nous répondons :
– Non, non, on n'a rien vu.
Pauvre mémé ! Elle ne sait pas couper sans son couteau. J'ai hâte qu'on le change en or et qu'on le lui rende. On a tout ce qu'il faut, à présent : les orties, les pattes de poulet, le lait qui reste du petit-déjeuner. On a pris les allumettes et la gamelle du chien.
– Rendez-vous derrière la cabane, me souffle Vincent.

Notre magie ne s'est pas passée tout à fait comme on voulait.

Nous avons allumé le feu sous la gamelle et nous avons laissé cuire le couteau. Pendant qu'il se changeait en or, nous sommes allés jouer à la balançoire. De la rue, le père Mauvoisin a appelé notre grand-mère :

– Dites, Madame Servat, c'est'y que vous faites brûler des mauvaises herbes, derrière la cabane ?

– Pas du tout, Robert, a répondu mémé Thérèse.

– Alors, ça serait'y pas qu'il y aurait le feu ?

– Au feu ! Au feu ! a crié mémé.

Ce n'était pas un très gros feu. On l'a éteint avec le tuyau d'arrosage comme font les pompiers. La gamelle du chien était toute fondue. Vincent a ramassé le couteau sans que mémé le voie. Il est vraiment spécial maintenant : tout noir et tout tordu. On l'a jeté dans les orties.

– Mais vous auriez pu mettre le feu à la cabane ! crie mémé. Vous réfléchissez un peu à ce que vous faites ?

On est privés de télé. Mais on s'en fiche. On a le secret de l'invisibilité. Quand on sera invisibles, on fera tout ce qu'on voudra.

– Relis-nous le secret, me dit Vincent.

Pour se rendre invisible
au moyen d'un anneau,
on trempera ledit anneau
dans une décoction
faite avec de la pelure
de bon citron,
trois clous de girofle,
du jus de fleur de sureau
et un oignon qu'on coupera
en quatre en récitant :
"Invisibilus sum
voluntate Dei."
On deviendra invisible
sitôt l'anneau passé au doigt.
Ce secret est véritable
et prouvé.

– Et alors, dit Vincent, on pourra aller se promener dans le marais.

Dans le marais, il y a des poules d'eau et des canards, des libellules, des nénuphars.
– D'abord, on va faire du jus de sureau, dit Vincent.
Ce n'est pas compliqué. On prend des grappes de sureau et on les écrase sous une pierre. On en a plein les doigts et plein le short. En plus, ça ne s'en va pas.

– J'ai pris le citron, dit Jessica qui revient en courant de la cuisine, et voilà le couteau. C'est le nouveau couteau spécial de mémé.
Je coupe la peau du citron. Jessica dit :
– Il serait plus joli s'il était en or, le couteau.
Je hausse les épaules. Aïe ! Je viens de me couper.

– Attends, me dit Vincent, il y a un secret pour guérir les coupures.
Il feuillette le cahier et il lit :

Pour arrêter
le sang
d'une coupure,
il faut faire
un onguent
en mélangeant
du plantain,
du jaune d'œuf et
du suc de raifort.
Ce secret est véritable.

Le plantain pousse à côté des orties. Le père Mauvoisin nous l'a déjà montré. Pendant que j'en cueille, Jessica va chercher un œuf dans le réfrigérateur et du roquefort. Vincent pense que le roquefort et le raifort sont de la même famille.

– Je touille, dit Vincent.
– Beurk ! fait Jessica, heureusement que ce n'est pas moi qui vais le manger.
Ce qu'elle est bête ! Ce n'est pas pour manger. Il faut le mettre là où on s'est blessé.
Vincent étale l'onguent sur mon doigt.

– Hou, aïe, hou là là ! Ça brûle, ça fait mal !
– Parce que ça se referme, dit Vincent.
– Non, non, ça brûle, j'ai mal !
Je cours au robinet du jardin et je laisse l'eau couler longtemps.
– C'est guéri ? me demande Jessica.
En tout cas, ça ne saigne plus.
– Ça marche bien, la magie, dit Vincent.

On entend alors mémé qui nous appelle :
– À table, les enfants !
Il y a du rôti et des frites.
– Mais enfin, dit mémé, où est encore mon couteau ?
– Ton couteau spécial ? demande Jessica.

Mémé cherche dans les tiroirs, derrière la cuisinière. Puis elle s'assoit en soupirant :
– Je perds tout. Je deviens vieille…

Dans le cahier, il y a le secret de l'éternelle jeunesse. On le fabriquera pour mémé. Mais le secret de l'invisibilité, on a décidé de ne pas le faire, parce que, comme dit Jessica :

– Et si on redevient pas visible après ?

Il pleut. Tant mieux. Pour le secret de l'éternelle jeunesse, il faut de l'eau de pluie dans laquelle on met des pétales de rose. Nous avons posé une tasse en équilibre sur le bord de la fenêtre.

Elle est déjà presque pleine. Vincent a retrouvé le numéro 233. Il lit. Moi, je pense au marais. Quand il pleut, on entend la pluie tomber mais on ne la sent pas. Les arbres font un toit. Quand je serai grand, j'habiterai sous les arbres.

– Vous ne vous ennuyez pas trop, les enfants ? demande mémé, en entrant dans notre chambre.

Jessica me fait un signe. Le cahier de secrets est au pied de mon lit, au milieu des *Tintin*. Mémé plisse les yeux parce qu'elle est myope. Trop tard. Elle l'a vu.

– Tiens, c'est là, ça ? dit-elle en attrapant le cahier.

Elle rit :
– Votre maman et votre papa écrivaient des recettes de magie quand ils étaient petits. Qu'est-ce qu'ils n'inventaient pas, ces deux-là !
Mémé repose le cahier et s'en va.
– Alors, dit Jessica, le Grand Albert n'existe pas ?
Vincent ne répond pas. Je dis :
– Évidemment qu'il existe pas !
Je prends un *Tintin* dans le tas. Un coup de vent secoue la maison au même moment et la tasse trop pleine va s'écraser en bas. Tant pis.

Je n'aime pas les trop longs jours de pluie. Maintenant, le marais doit dégouliner d'eau, comme moi quand je pleure la nuit. Je suis arrivé au numéro 233. On ne voit plus rien dans la chambre. J'allume la lampe. Tiens, Vincent et Jessica ne sont plus là…

– Vincent !

La maison est silencieuse.

– Jessica !

Ils ont dû aller au grenier. Je sors dans le couloir.

– Vincent !

La porte de notre chambre se referme dans un coup de vent. Il fait tout noir. Il y a une masse énorme devant moi.

– Vincent… C'est toi ?

Mais c'est quelque chose qui touche presque le plafond. Une voix dit :

– Ah, ah, tremble, carcasse ! Je suis le Grand Albert !

C'est la voix de Vincent. Je suis sûr que c'est la voix de Vincent. Je hurle :
– Mémé !

Quelque chose est tombé sur moi, quelque chose de lourd, de sombre et qui m'étouffe.
– Mon dessus-de-lit, dit mémé. Sors de là, Robin !

Mémé a allumé la lumière du couloir. J'ai tout compris. Jessica était montée sur les épaules de Vincent et ils se sont enveloppés tous les deux dans le dessus-de-lit. Je crie :
– Je savais bien que c'était Vincent !
Mais c'est plus fort que moi, je pleure en même temps. Mémé me serre contre elle. Elle est grosse, mémé Thérèse. Ma tête roule entre ses seins. J'ai le mal de mer.
– Je veux ma maman ! Je veux ma maman !

Ce soir, mémé téléphone à maman. J'écoute derrière la porte.

– Les enfants vont bien, dit mémé, il n'y a que Robin… Non, pas de rhume. Mais sa maman lui manque. C'est le plus bébé des trois.

Je rougis. Mémé dit :

– Viens donc le voir samedi. Ça lui fera une surprise.

Maman va venir samedi. Hourra !

– … Non, ça ne fait rien, dit mémé, si tu ne peux pas, tu ne peux pas. Ne t'inquiète pas. Tout ira bien.

Maman ne viendra pas.

Un mois, c'est long comme un long chemin sous les arbres et le ciel ne vient pas. Je suis dans le noir.
– Tu pleures ? me demande Jessica tout bas.
– Non.
Elle s'est accroupie près de mon lit. Elle dit :
– J'ai un secret de magie pour pas pleurer.
– C'est pas vrai, la magie.
– Si, c'est vrai.

Jessica m'a dit son secret. On écrit "maman" au stylo-bille dans la paume de la main et on repasse les lettres dès qu'elles s'effacent.

– Je le fais le soir, dans la salle de bains, me dit Jessica.

On a allumé la lampe de poche pour ne pas réveiller Vincent et j'ai écrit "maman" dans le creux de ma main.

Ce secret est véritable. Je n'ai plus pleuré depuis.

PAPIER À BASE DE FIBRES CERTIFIÉES

Hatier s'engage pour l'environnement en réduisant l'empreinte carbone de ses livres. Celle de cet exemplaire est de : 300 g éq. CO_2
Rendez-vous sur www.hatier-durable.fr

IMPRIM'VERT

Achevé d'imprimer par l'imprimerie Clerc à Saint-Amand-Montrond - France
Dépôt légal : 99920-8/ 07 - septembre 2021